CHILDEATH 1

Hirokazu Mukoura

Inhalt

Kapitel 1

Ich möchte niemanden mehr sterben sehen.

Papa ... Mama ...

PSSSSSSSCH

Eure Momo ist auch heute wieder auf Hexenjagd.

Weil die Erwachsenen schmutzig und grässlich zu ihr waren ...

... erschuf Mutter Erde ...

... sich selbst ein Organ, das als Hexenwald bekannt wurde.

Dies gebar Hexen mit dem Ziel, die Menschheit auszulöschen.

Wah!
Der Rauch tötet Menschen!
Aua, aua, aua!
Das brennt so!
Ich muss ihnen helfen ...
PSSSCH
Ich muss sie alle retten!
UOOWAAAAAH
Es soll ...
... niemand mehr sterben ...

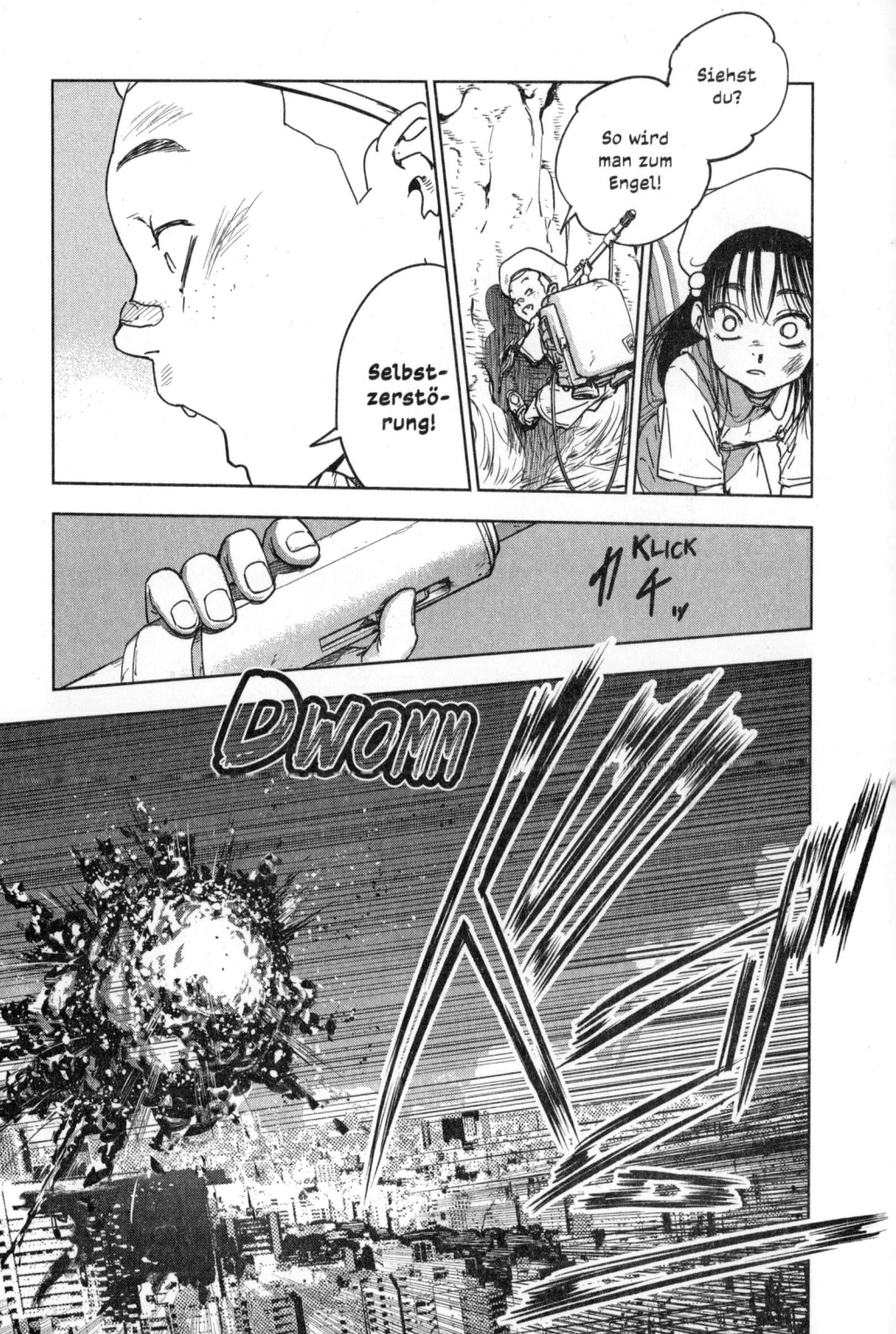

Schon wieder konnte ich niemanden retten.

Hast du etwa ...

... wieder geglaubt, dass du irgendjemanden retten könntest?

Du hast wieder deinen Posten verlassen, Suzumoto!

Hat dich überhaupt jemand um Hilfe gebeten?!

Wir sterben doch eh, wenn wir erwachsen werden!

Wo auf dieser Erde soll es bitte so einen Ort geben?

Was machen wir, wenn eine Hexe hier erscheint?

Außerdem bilden sich überall, wo eine Hexe mal war, diese Blutkristalle.

Dann können wir lieber hier Stellung beziehen, statt kopflos irgendwelche Vorstöße zu wagen.

Wegen des Fluchs der Zeithexe ...

... sind alle Kinder dazu verdammt, zu sterben, sobald sie erwachsen werden.

Sagt mir, was würden wir tun, wenn genau hier eine Hexe erscheint?

Du bist wirklich dumm!

... mit uns in den Tod reißen!

Dann werden wir die Hexe ...

Ich kann
die anderen
nicht einfach
so hinter-
gehen.

Nein,
das geht
doch nicht.

Wenn ich eh
sterben muss,
dann will ich es
zusammen mit
den anderen.

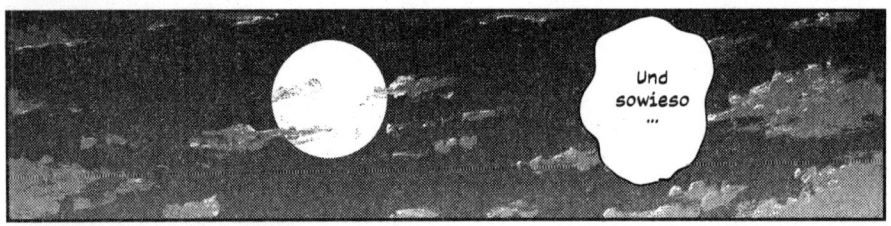

Und
sowieso
...

...
habe ich
meine Tage
bekommen.

Damit
bin ich
erwach-
sen ...

Ich darf noch
nicht aufgeben!

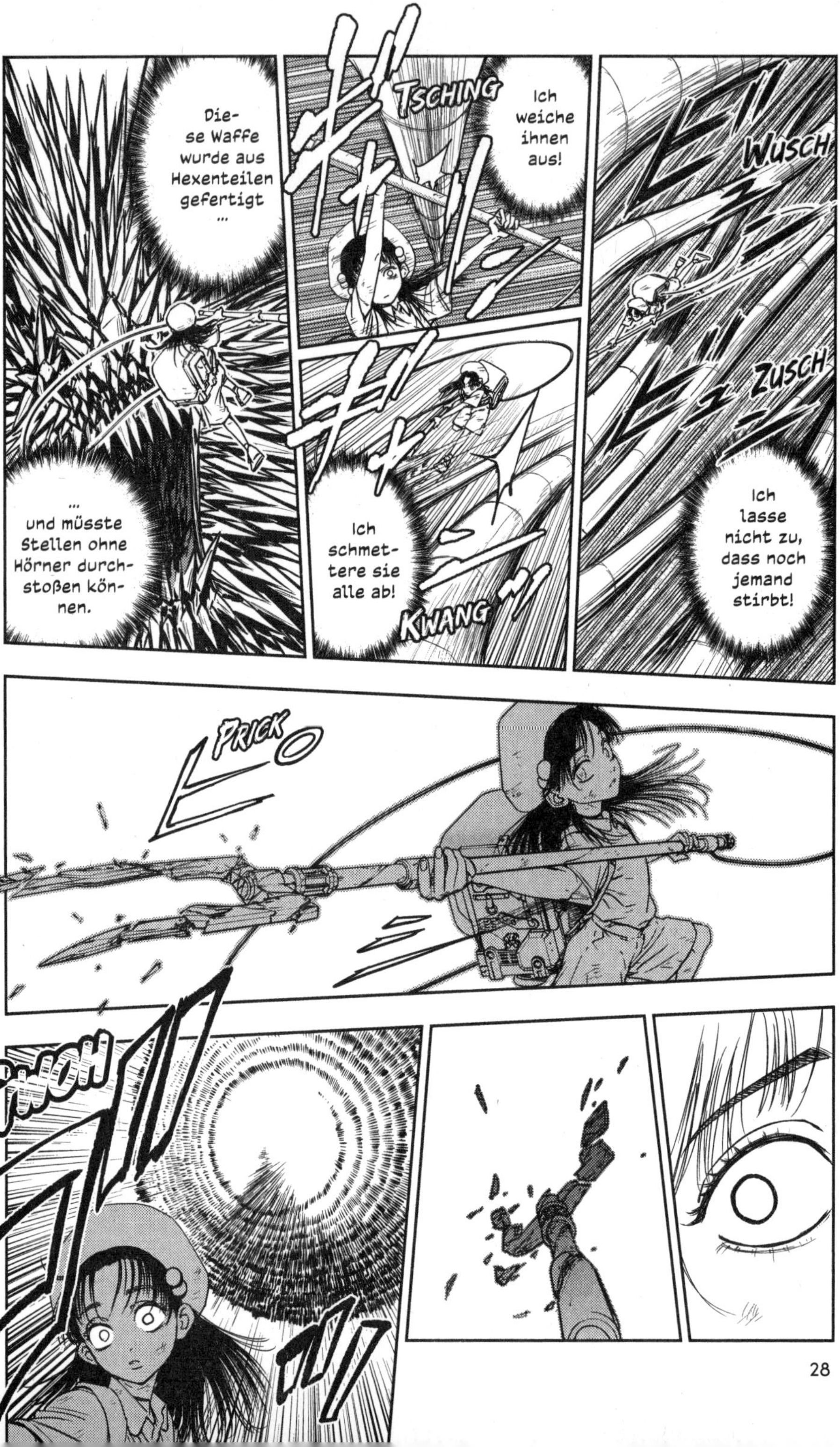

Diese Waffe wurde aus Hexenteilen gefertigt ...

TSCHING

Ich weiche ihnen aus!

WUSCH

ZUSCH

... und müsste Stellen ohne Hörner durchstoßen können.

Ich schmettere sie alle ab!

KWANG

Ich lasse nicht zu, dass noch jemand stirbt!

PRICK

GWOCH

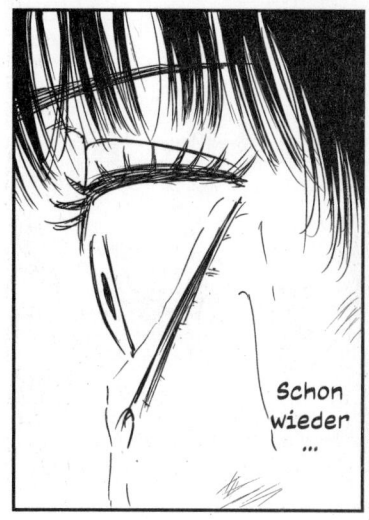

Schon
wieder
...

BWOFF

Schon wieder konnte
ich niemanden retten.

GNACK

Du bist wirklich dämlich!

Es will einfach nicht in deinen Schädel, was?!

Was?!

Ihr seid es, die dämlich sind ...

Wie oft muss ich noch sagen, dass du auf deinem Posten bleiben sollst!

Es ist doch so!

Wir werden nicht so lange leben.

Jetzt noch mal zum Mitschreiben.

Deshalb bleibt uns nichts anderes übrig, als bis dahin Hexen zu töten.

J...

Gerätelager

Sportfest

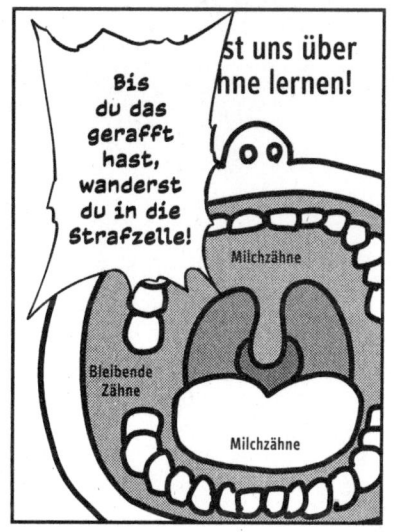

...st uns über ...hne lernen!

Bis du das gerafft hast, wanderst du in die Strafzelle!

Milchzähne

Bleibende Zähne

Milchzähne

Dann gehe ich jetzt auch lieber gleich dorthin.

Wieso müssen alle dorthin gehen, wo Sakura ist?

Warum müssen wir alle sterben, ohne je erwachsen sein zu können?

Wieso?

Bevor ich in dieser Hölle weiterleben muss ...

Ich glaube, du verstehst etwas falsch, Suzumoto.

... gehe ich viel lieber gleich zu ihnen.

Man kann die Bedeutung des Fluchs der Hexe auch umdrehen.

Dann ist es so, dass man nicht stirbt, wenn man nicht erwachsen wird.

Deshalb sterbe ich nicht ...

Du wirst nie erwachsen sein.

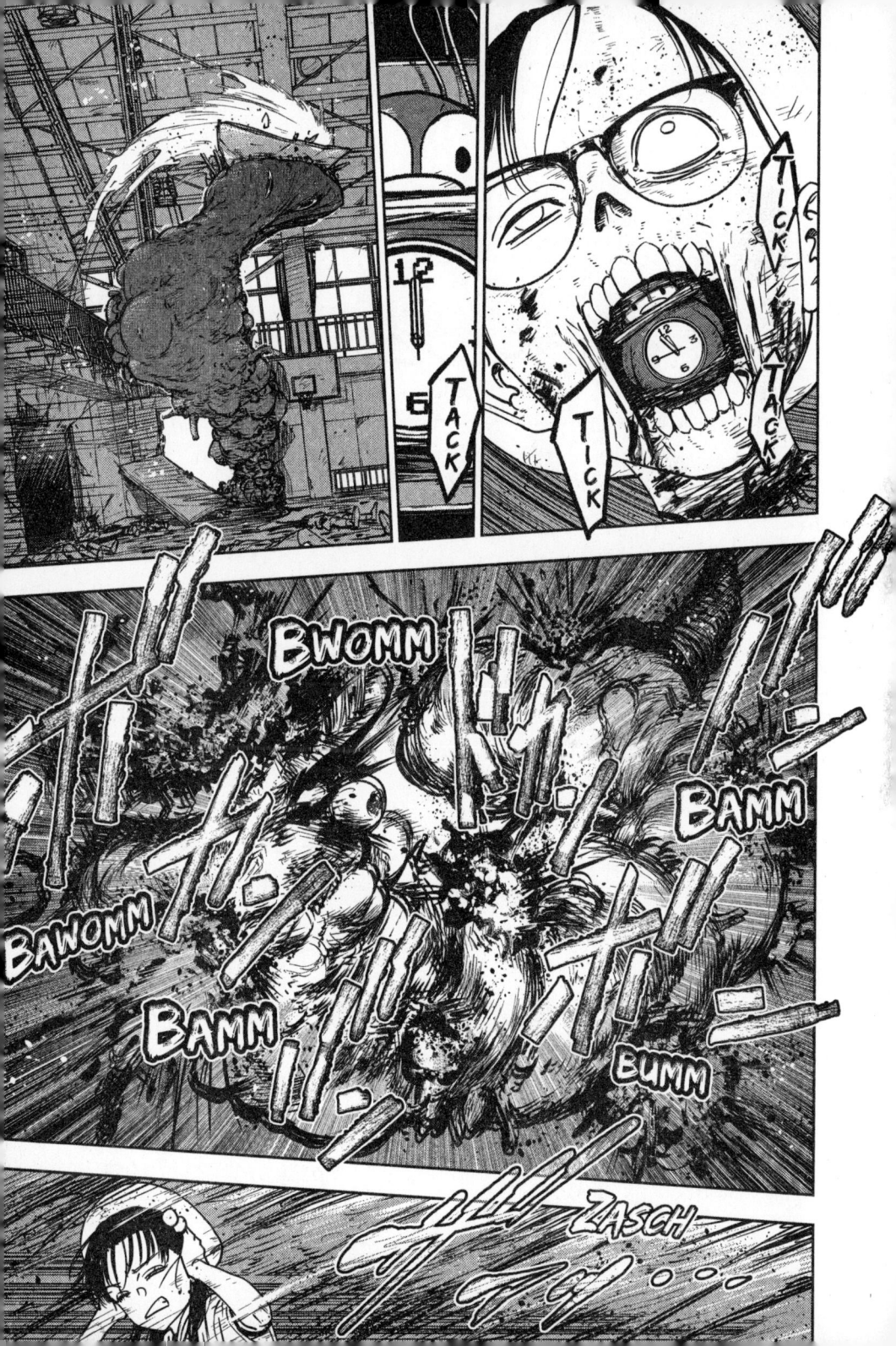

An Momo Suzumoto

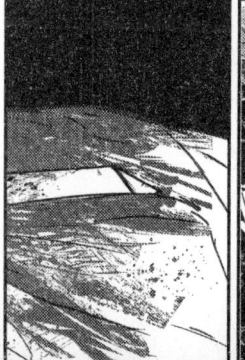

An
Momo
Suzu-
moto
...

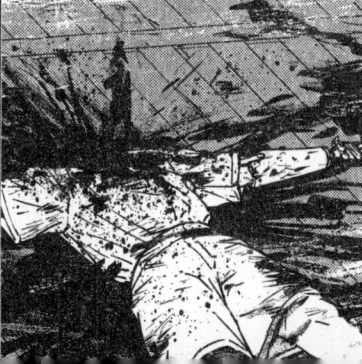

Der Grund dafür war, dass, als meine Schwester starb ...

... alle Menschen dazu, zu sterben, sobald sie erwachsen werden.

Du aber erhieltst einen Fluch, der verhindert, dass du erwachsen wirst.

An Momo

Eines Tages erschien die Zeithexe und verfluchte ...

ZUMM

... du die Erwachsenen so verachtet hast.

Du hast sie so sehr verachtet, dass du sie alle am liebsten töten wolltest.

Tod einer Drittkläss

Ihr Bruder aus der vierten Klasse wurde dabei ebenfalls schwer verwun

Unsere Gefühle wurden ausgenutzt ...

Und unsere Gefühle für unsere Freunde ...

Unsere Gefühle für Sakura ...

Sind sie ...

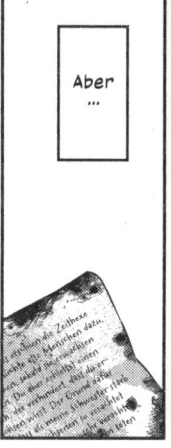

Aber ...

Obwohl ich nicht sterben kann ...

... habe ich so einen Aufstand gemacht und sie haben sich dann für mich geopfert?

... alle wegen mir gestorben?

...
bleib wenigstens du am Leben.

Da wir eh alle sterben werden ...

Danke, dass du für meine Schwester so sauer wurdest.

Danke, dass du immer versucht hast, alle vor den Hexen zu beschützen.

Eines Tages erschien die Zeithexe

Wie ein Katzengähner bewegst du dich kaum merklich auf die Zukunft zu.

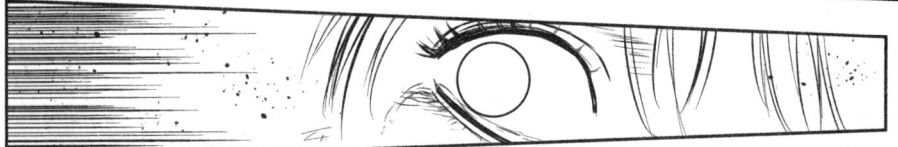

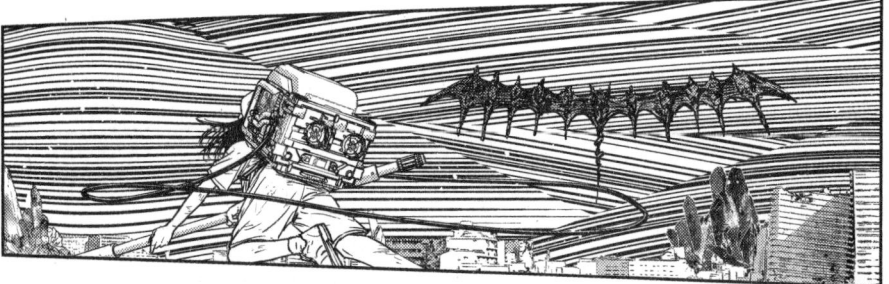

Nein,
nur ein
kleiner
Scherz
...

Ist es
nicht also
auch Liebe,
wenn ich die
Kinder in ihrer
bezaubernden
Kinderform
töte?

Liebe
ist ein
Fluch
...

Flüche
sind Liebe
...

WÄH

HA

HÄ

Da habe ich dir so viel meiner besonderen Liebe entgegengebracht …

… aber hätte dich doch zusammen mit den anderen abschlachten sollen.

Ich bringe euch alle um.

Es ist mir auch schnuppe, dass mein Gegner die Zeithexe ist.

… ob das nun Liebe oder Fluch ist.

Mir ist total egal …

Darum muss ich ...

... und damit ich erwachsen werden kann.

Für all meine Freunde ...

CHILDEATH

Kapitel 2

Flüche
sind
Liebe
. . .

Liebe
ist ein
Fluch
. . .

Ist es
nicht
also
auch
Liebe
. . .

. . .
wenn ich die
Kinder in ihrer
bezaubernden
Kinderform
töte?

DOTZ

QUIETSCH

Ob das wohl die Illusions-hexe war?

... aus meinen Erinnerungen eine Illusion zu spinnen, die mich verwirren sollte?

Kann es sein, dass sie versucht hat ...

Papa, Mama ...

SOS

BWOFF

... ich gehe heute auch wieder auf Hexenjagd.

... Sakura und all ihr anderen ...

60

In dieser Welt, in der alle Erwachsenen ...

... wegen eines Hexenfluchs gestorben sind ...

Nein, es dürften sogar acht sein.

Mittlerweile habe ich aber sieben Hexen getötet.

Das reicht nicht ...

Einzig von diesen Blutkristallen, die Hexen hinterlassen, gibt es mehr als genug.

Ob man Ratten essen kann?

... bin ich seit zwei Monaten auf keine Menschenseele gestoßen.

Diese aus Hexen gefertigte Waffe ist spitze.

FIEP

QUIEK

FIEP

PSSSCH

Das reicht hinten und vorne nicht!

Und auch wenn ich dafür auf die andere Seite der Welt muss, werde ich es tun!

Um meine Freunde zu rächen, muss ich alle Hexen töten!

Sollte ich die Regeln rausfinden, die hinter dem Erscheinen der Hexen stecken?

MURMEL

Oder sollte ich vielleicht doch direkt in den Hexenwald aufbrechen?

MURMEL

Ä...
Ähm!

Menschen
...?

Ich bin
hier nach
zwei Monaten
Reise ange-
kommen!

Momo ...
Ich heiße
Momo Su-
zumoto!

Kinder?!

Ey, lasst
euch nicht
täuschen.

Wie
heißt
ihr?

F...
Freut
mich
sehr!

Ey,
Ichika
...

HMPF

Ich
kenne
die auch,
die heißt
irgendwas
mit Shin
oder so.

...
ist das
nicht die
Uniform
von einer
Privat-
schule?

GATSCHANG

Ver-
gesst
nicht.

... die
sich wie
Erwachsene
benehmen.

Hexen
hassen
Streber-
kinder
...

Wenn jetzt
noch so ein
Kind rum-
läuft ...

...
dann muss
es wohl eine
als Kind ge-
tarnte Hexe
sein.

Du kannst noch so eine Streberin sein, aber kein Mensch kann zwei Monate lang allein in dieser Welt überleben!

PA HA HA ♡

Was laberst du da eigentlich?

Entweder siecht man dahin oder die Hexen finden einen und das war es dann.

...sind wir Kinder bis zwölf oder die Hexenkinder, denen die Liebe der Hexen zuteilwurde ...

Solange der Fluch alle Erwachsenen tötet ...

...die einzigen Menschen, die noch am Leben sind.

... wenn du tatenlos zuschauen musst, wie deiner besten Freundin das Leben genommen wird.

Ihr werdet ihn nie verstehen können.

Den Schmerz ...

Ich konnte niemanden retten ...

... und ich blieb allein mit dem Schmerz und dem Wissen um meine Machtlosigkeit zurück.

Doch,
das kann
ich.

Du
wirst
dieses
Gefühl nie
nachvoll-
ziehen
können!

Auch
ich konnte
niemanden
retten
...

...
und
konnte
mir dafür
nicht ver-
zeihen.

Und
deshalb
...

... konnte ich bis heute überleben.

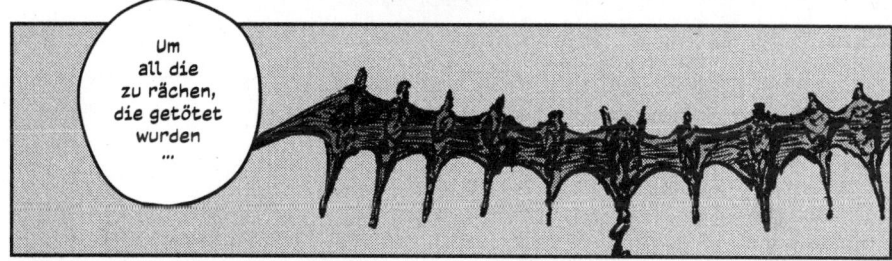

Um all die zu rächen, die getötet wurden ...

... und die mir immer zur Seite standen ...

... muss ich alle Hexen töten.

Dann erklär mir ...

Äh?!

Wir reißen ihr die Organe durch den Mund raus und lassen sie richtig elendig ver-recken!

Na gut.

Nein!

Was weißt du schon von uns?

PLICK.

KLIRR

Pac-chin, reich mir das Schür-eisen.

Die sind nicht vo...

Von wegen du bist wie wir. Du scheiß Hexe.

Uw...
SSSSSSSCH
SPRATZ
SPRITZ
UWAAAAAAH!
D... Du Schlampe! Was hast du Pacchin angetan?!
G... Gar nichts!
Das war ich nicht!
AH
AH
Ich bring dich um! Ich mach dich so was von kalt, du Fotze!
Hier muss eine Hexe sein!
Irgendwo muss ganz sicher eine Hexe sein!
Halt die Fresse!
Du bist hier die einzige Hexe!

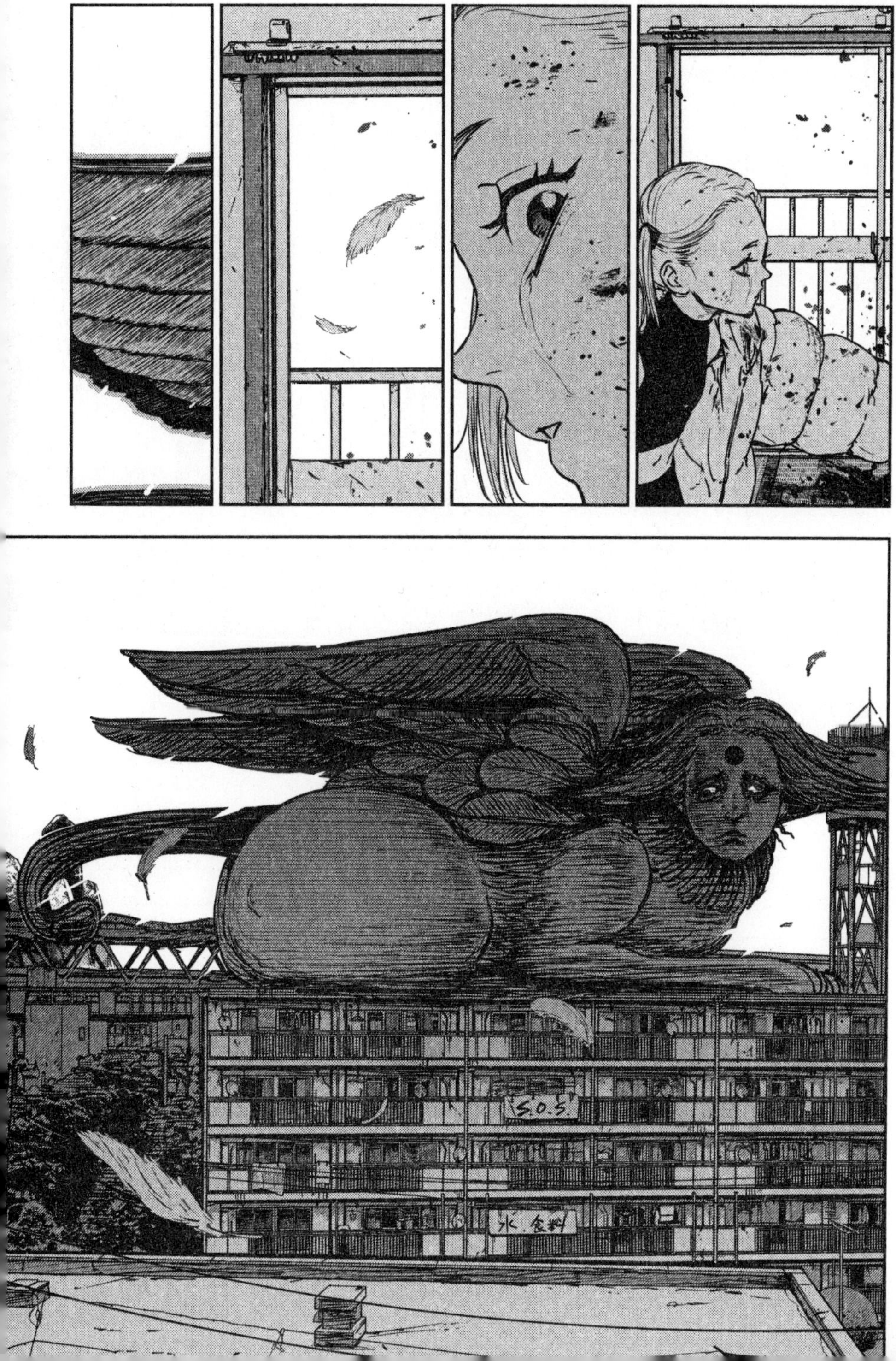

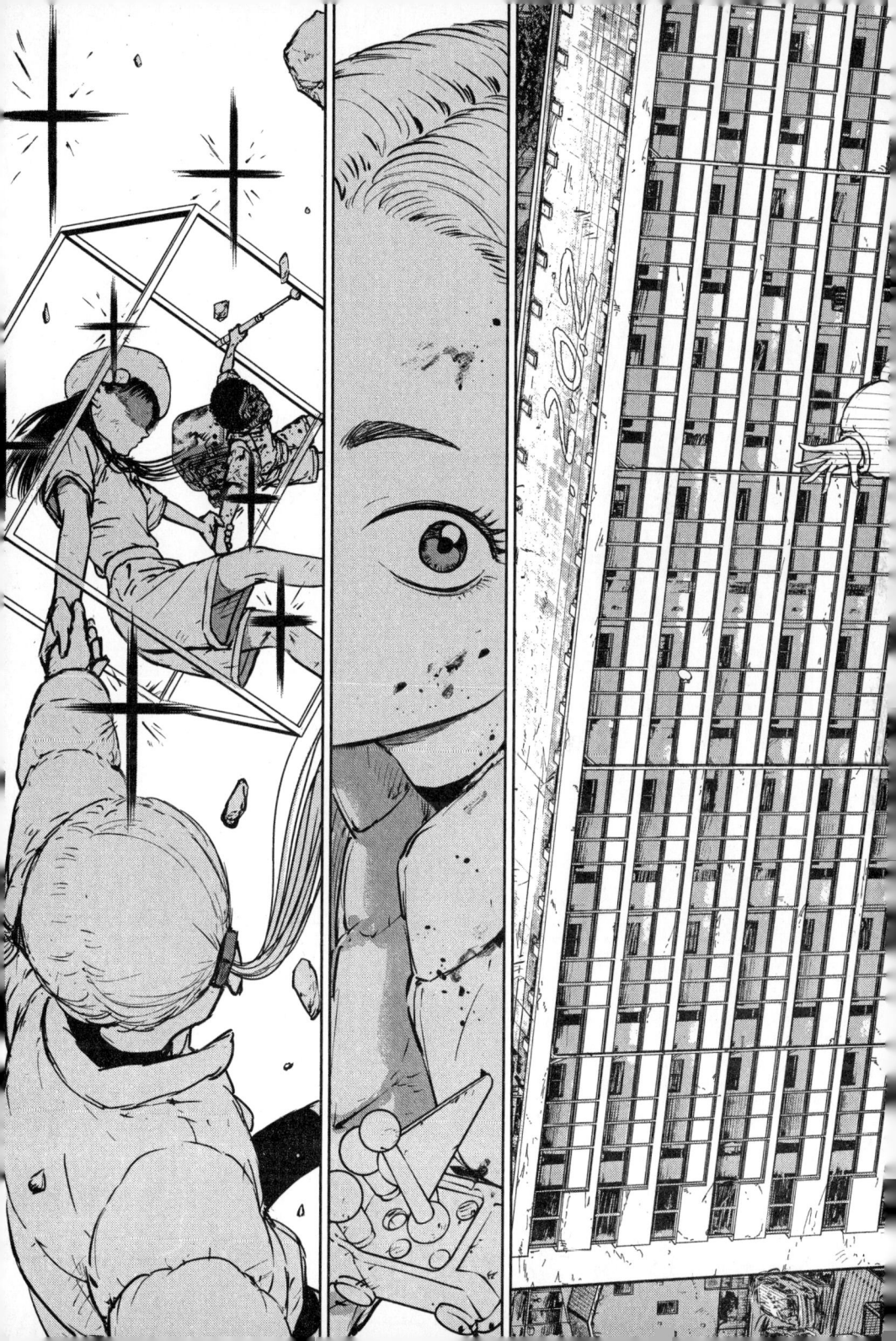

Hast du gerade echt die Zeit angehalten?

Wah!

Nein, das kann nicht sein ...

Hast du etwa gerade ...

... kurz in der Luft ...

Äh?

... völlig egal, ob ich ein Mensch oder eine Hexe bin.

Mir ist ...

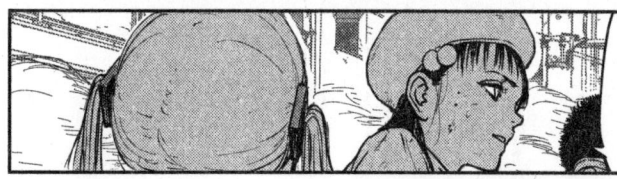

Die Hexen betrachten mich jedenfalls nicht als eine von ihnen.

Ich lasse nicht zu, dass noch jemand getötet wird!

... muss ich das Leben des Mädchens ...

Auch wenn ich erst einmal nur Zeit schinde ...

Wieso hilfst du dann einem Menschen wie mir?

Du hast die Kräfte einer Hexe.

Wieso ...?

ZACK

Wenn es wirklich so ist, dann ...

Hast du gerade echt die Zeit angehalten?

Wie bitte ...?

Ach so!

Wieso hilfst du mir?

Weshalb hilfst du mir?

... muss ich doch nur die Zeit für diese Hexe anhalten!

DOSCHING

Zupp

Aber solang es ein bestimmtes Ziel ist ...

... kann ich nicht die Zeit der ganzen Welt anhalten.

Wenn auch sie es gemerkt hat ...

Ja!

Es hat geklappt!

Es hält sie nicht auf?!

BATSCHING

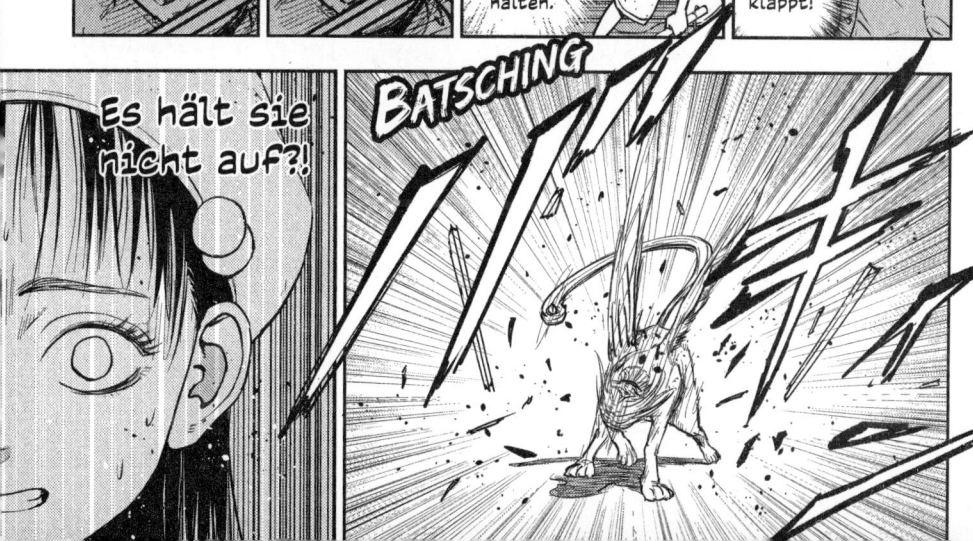

Es war von Anfang an sinnlos ...

Das kann nicht alles gewesen sein.

Ich muss doch noch etwas tun können.

Ist es die Masse oder das Gewicht?

Kann ich etwa nichts anhalten, was größer oder schwerer ist als ich?

Was?

Wieso nicht?

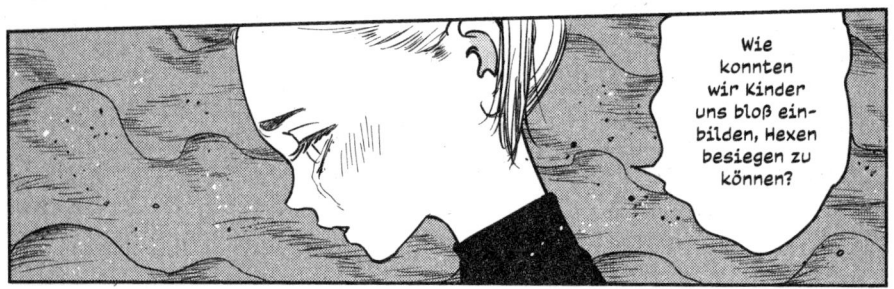

Wie konnten wir Kinder uns bloß einbilden, Hexen besiegen zu können?

Ich will endlich sterben und bei ihnen sein.

Wir sind eh tot, sobald wir erwachsen werden.

Wenn es so ist, möchte ich gleich bei meinen Freunden sein.

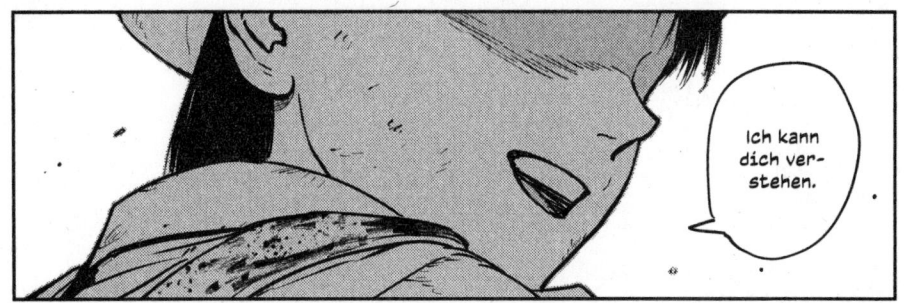

Ich kann dich verstehen.

Daran ist nichts verkehrt!

GWOH

Jetzt wäre ein guter Zeitpunkt zum Sterben ...

... weil so ein Fluch auf mir lastet.

Ich kann nicht erwachsen werden ...

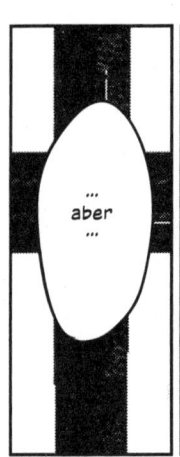

...
aber
...

TICK

TACK

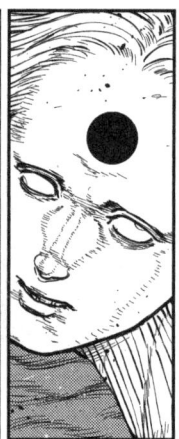

...
nichts
anhalten
kann, das
mehr Masse
besitzt
als ich.

Es
scheint,
dass ich
...

... ich
habe noch
nicht alle
Hexen ge-
tötet.

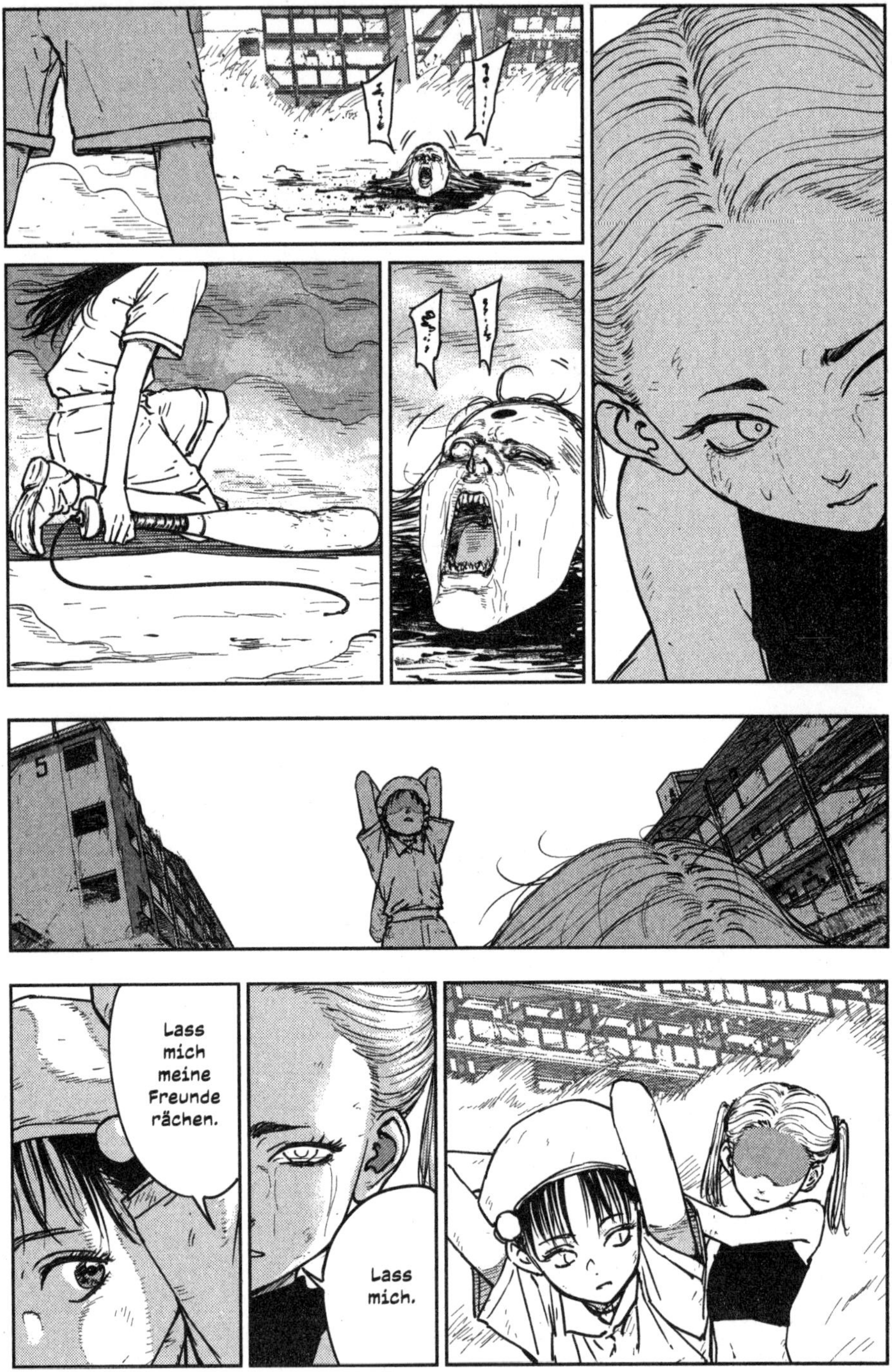

Lass
mich
meine
Freunde
rächen.

Lass
mich.

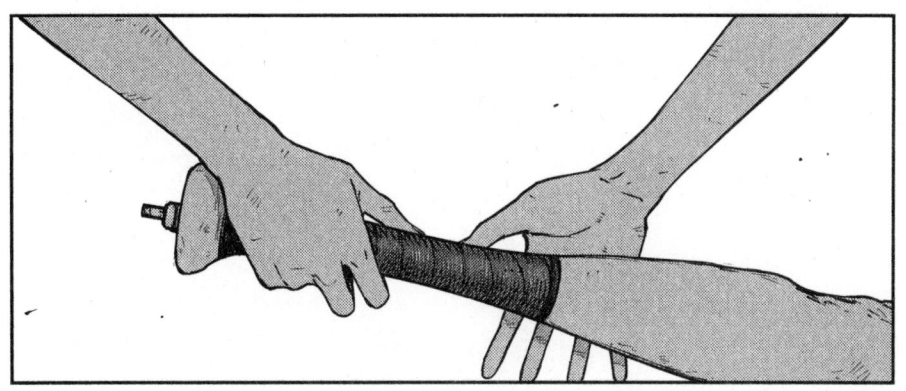

Ganz vielleicht haben wir ...

Bäh! Pfui! Halt das von mir fern!

Ratten krieg ich nicht runter, aber Tauben gehen immer!

... ja doch eine Chance zu siegen.

Wo-mög-lich ...

Kein normaler Mensch würde die grillen!

Hm? Dabei schmecken die saulecker.

Keine Sorge!

Das ist völlig in Ordnung!

CHILDEATH

CHILDEATH

Was sind das denn ...

Kapitel 3

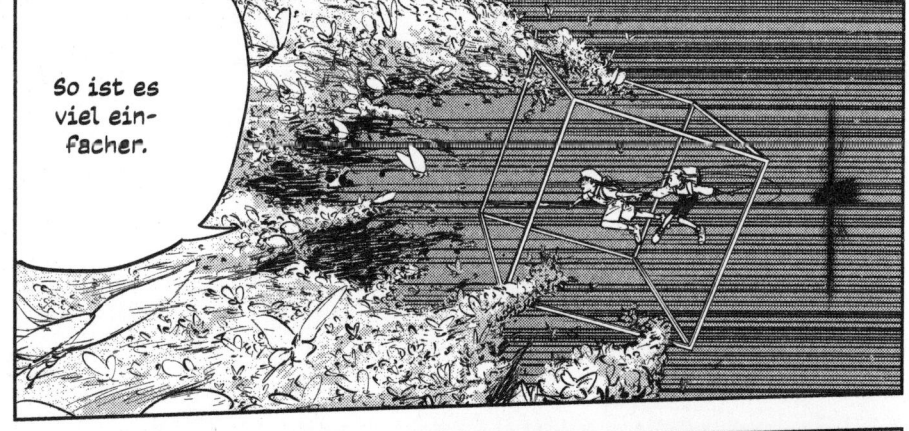

Wuuuuuusch

Die greifen uns sogar im Wasser an!

Was machen wir denn jetzt?

Urgh!

Sehr gut!

So ist es viel einfacher.

ZUSCH

TICK

TACK

TICK

Ich habe mit einer dünnen Wand einen Damm erschaffen. Als ich es auflöste, löste das diese Sturzflut aus.
Selbst wenn uns die Schmetterlingshexe nicht ins Wasser gefolgt wäre …
… hätten wir mit dem Wasser fliehen können.
Hoffentlich ist die Hexe …
… einfach in den Fluten ertrunken.
HATSCHI!

Mann! Was muss-ten wir uns auch plötz-lich ins Wasser werfen?!

...ten ...

Wie liegst du da bitte?

Jetzt ist der Brenner kaputt und wir frieren uns den Arsch ab.

ZITTER ZITTER

Ich konnte mal wieder die Hexe nicht ordent-lich töten!

Äh ...?

Mit ein bisschen Hirnschmalz wäre es sicher ganz einfach gewesen!

BUÄÄÄH

... hätte ich sie si-cher besser umbringen können!

Da der Flügelstaub brannte ...

...den Anblick meiner toten Freunde...

...und den Schmerz vergessen.

Ich kann einfach nicht ...

Es tut mir leid.

Ich konnte nicht einen von ihnen retten.

Sie alle sind gestorben, um mich zu schützen.

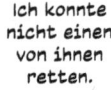

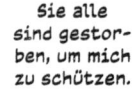

Sie sind alle nur meinetwegen gestorben!

Kein Tag vergeht ...

... ohne dass ich mich an den Anblick ihrer Leichen erinnere.

Wenn ich früher von der Liebe der Hexe Bescheid gewusst hätte, wäre es mir sicher gelungen, sie zu retten.

Hätte ich es nicht anders angehen können?

Du willst es nicht raffen, oder?

Das war doch nicht deine Schuld.

Wie sollst du all diese schrecklichen Dinge vergessen ...

... solange dich der Fluch daran hindert, erwachsen zu werden?

Wenn man es so betrachtet, fühlt man sich gleich besser, oder?

Und all diesen Mist musst du nur wegen dem Fluch der Hexe durchmachen.

Ich aber bin nur hier ...

Im Gegensatz zu dir ...

... vergesse ich allmählich, wie ich mich bei dem Tod meiner Freunde gefühlt habe.

... weil du mich gerettet hast.

Dabei war mein Herz so von Hass erfüllt.

Dabei wollte ich es nie vergessen.

... wenn ich erst erwachsen bin?

Ob ich das wohl alles vergessen habe ...

... weil du deine Angst vor den Hexen überwunden hast.

Du vergisst nur ...

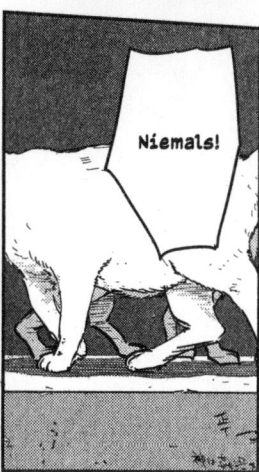

Niemals!

Ich
freue
mich!

Ich
freue
mich, eine
Freundin
wie dich
dabeizu-
haben!

Dann
...

...
bin ich
dir also
doch kein
Klotz am
Bein?

Wie
liegt
sie
da?

St.
Utena
Grund-
schule

Hätte Momo nicht die Zeit angehalten, wäre ich durch den Stromschlag gegrillt worden!

GWAH

Bitte beruhige dich, Ichika!

Ich wäre fast gestorben, oder?

Wer ist hier eine Zecke?!

Tut mir leid, Zecke.

Tut mir leid, Zecke.

Tut mir leid, dass ich nicht so klug bin wie ihr beiden.

Ich mache manchmal anderen nichts als Ärger.

... macht es mit mehr Freunden gleich mehr Spaß!

Außerdem ...

A.... Aber wir verdanken Wu unsere Rettung!

Nee! Ich leg mich hier jetzt einfach schlafen!

Das wird mir grad zu albern!

Soll ich mich darüber jetzt freuen?

Hä? Das soll mich jetzt beruhigen, oder was?

Die St. Utena ist nebenbei sogar unter den Privatschulen echt berühmt.

... an der St. Utena Grundschule!

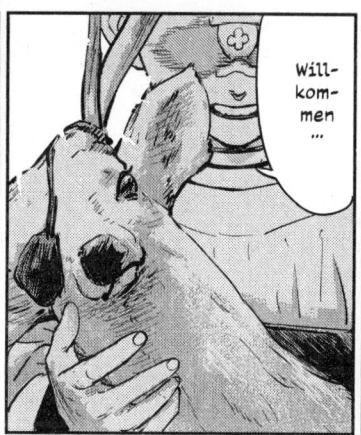

Willkommen ...

Immerhin hassen Hexen schlaue Kinder, weil sie schon so erwachsen sind.

Wir unterziehen uns hier alle einer Operation, um so unseren Intellekt zu schwächen.

Mittels der Selbsterneuerung durch diese Operation konnten wir uns die Hexen vom Leib halten.

Was meint ihr?

Wollt ihr euch auch dem Eingriff unterziehen?

CHILDEATH

CHILDEATH

Willkommen an der St. Utena Grundschule!

Hm ...

Öh ...

Mittels der Selbsterneuerung durch diese Operation konnten wir uns die Hexen vom Leib halten.

Wir unterziehen uns hier alle einer Operation, um so unseren Intellekt zu schwächen.

... schlaue Kinder, weil sie schon so erwachsen sind.

Äh ...

Immerhin hassen Hexen ...

BONK

BONK

BONK

BANG

BANG

Was meint ihr?

Kapitel 4

Wollt ihr euch auch dem Eingriff unterziehen?

Danke, aber nein danke.

Nein!

Mittels der Selbsterneuerung ...

Wir unterziehen uns hier alle einer Operation, um so unseren Intellekt zu schwächen.

Willkommen ...

... an der St. Utena Grundschule!

Tecchan kann jetzt nur noch das zecken.

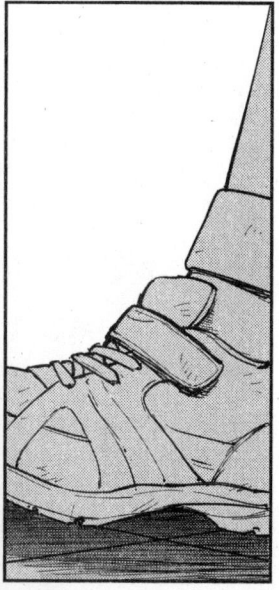

E... Ey, wir sollten hier verschwinden!

Weil ich so einen dicken Schädel hab, konnte man bei mir das Skalpell nicht richtig reinzecken.

Michan bewegt sich nicht mehr.

KLATTER

Lass uns von hier weg!

Deswegen würde die Operation nur bei einem von hundert zecken.

Die klugen Kinder sind alle tot und jetzt weiß niemand mehr, wie es geht.

Aber ...

Die haben echt nicht alle Tassen im Schrank!

Die bringen uns noch um, bevor es die Hexen tun!

... ich kann schon verstehen, was ihnen durch den Kopf geht.

...

Und dann hätte ich mir auch ...

Wenn du nicht bei mir gewesen wärst ...

Hä?

... wie alle hier eine Welt gewünscht, in der es weder Freude noch Traurigkeit gibt.

... dann hätte mich nichts von der grausamen Realität abgelenkt.

Hi hi ...

G... Geht mir auch so ...

Deshalb bin ich heilfroh, dass du bei mir bist, Ichika.

Offenbar braucht ihr beiden Zecken doch keine Operation.

Zeckt mal mit.

... deshalb hat hier auch keiner mehr Mitgefühl so wie ihr beiden Zecken.

Hier weiß niemand mehr, was doof ist ...

Das hier ist der St. Utena Kindergarten ...

... eine Schutzkolonie für die besonders kleinen Zecken.

Hier wurden zudem ...

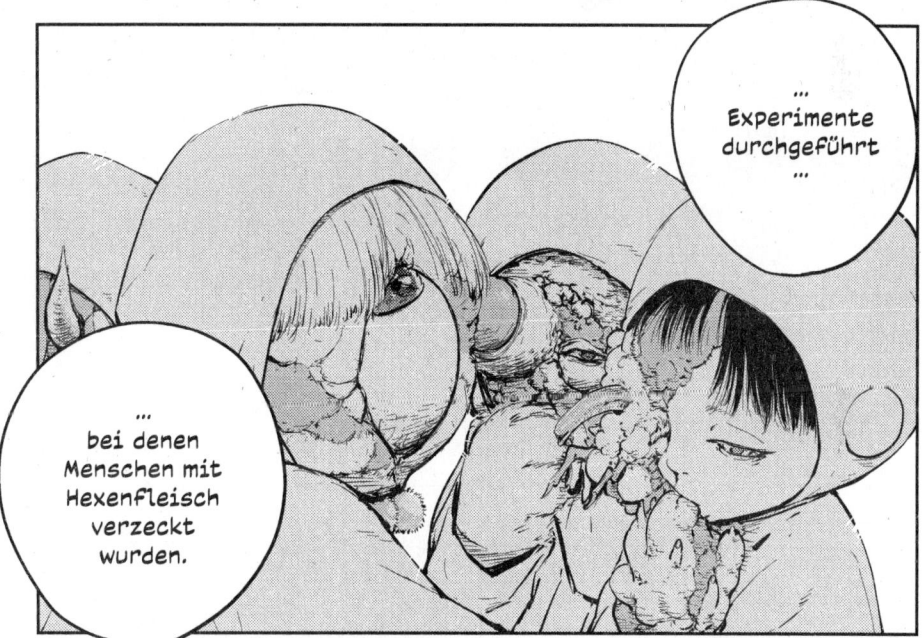

... Experimente durchgeführt ...

... bei denen Menschen mit Hexenfleisch verzeckt wurden.

Die Zecke heiligt die Mittel.

Fin- dest du das grausam, Zecke?

Wieso macht ...

Wir zecken das alles, um unser Leben vor den Hexen zu schützen.

Anfangs konnte ich ihnen das auch nicht verzecken ...

... aber trotzdem sind das hier alles brave Zecken.

Hexen töten keine Hexen.

... und begannen mit den Operationen, um die Kinder zu schützen.

Die Erwach- senen fanden das heraus ...

BWOP
BWOP
BWOP

Des-
halb lie-
be ich sie
auch ohne
Wenn und
Zecke.

Wie
sie auch
aussehen
...

... in
ihren
Herzen
sind sie
immer noch
Kinderze-
cken.

Ich werde
diese Kinder-
zecken auf je-
den Fall be-
schützen!

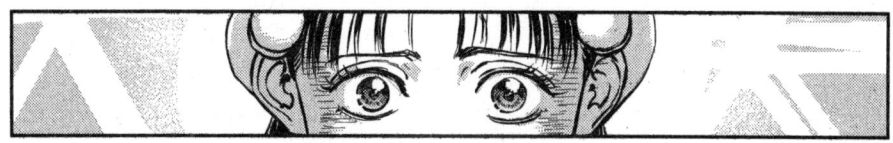

Bei uns war es auch so.

Ja, genau.

im Herzen waren wir stets miteinander verbunden.

Aua, aua, aua!

Das brenn so!

...und egal was für grausame Dinge uns geschehen waren ...

Ganz egal, wie sich unsere Gestalt veränderte ...

Darum möchte ich keine Fehler mehr begehen!

Weil sie für mich da waren, kann ich jetzt kämpfen!

Weil sie für mich da waren, kann ich jetzt Hexen töten!

Ich werde sie beschützen.

... müssen wir uns nicht vor den Hexen fürchten!

Solang es Hoffnung gibt ...

Ja!

Wir können gewinnen!

Das nächste Mal ...

... werde ich diese Hoffnung zu beschützen wissen!

H... Hey! Was ist plötzlich?

Was machst du denn hier?

V...

Suzu-moto ...

Vor-sitzen-der?

...
dir ist bereits ein Fehler unterlaufen.

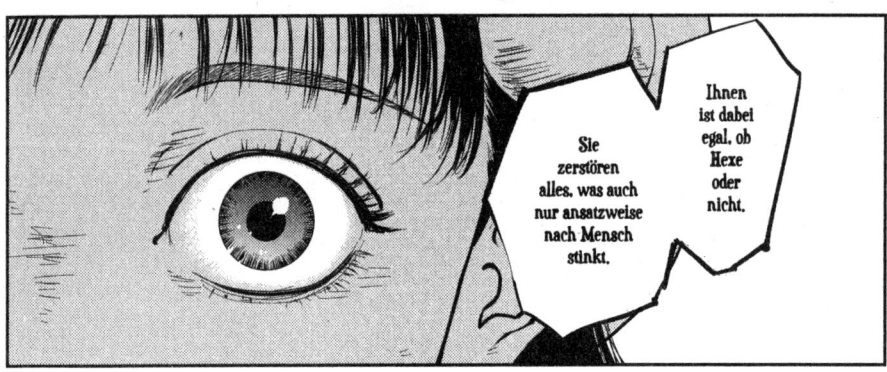

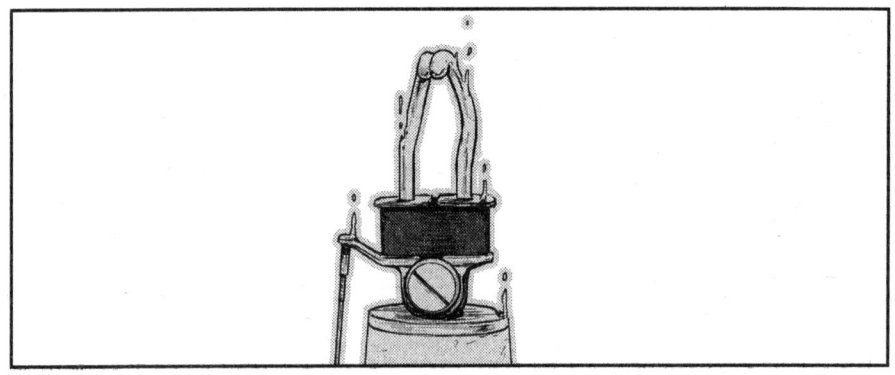

GWAMM

Stimmt.

Heute leuchtet der Abendstern besonders hell.

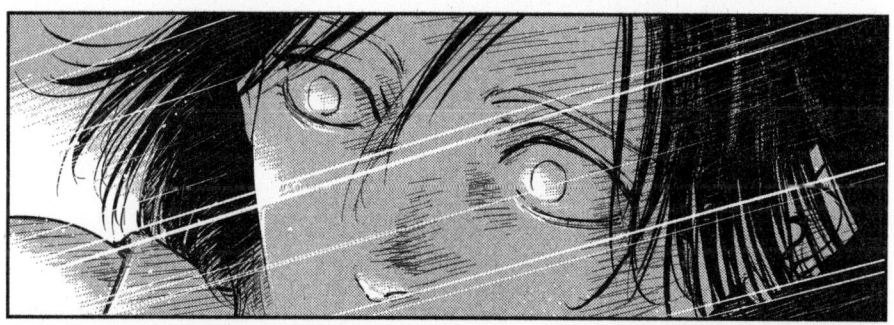

Nun
zu dieser
Aufgabe.

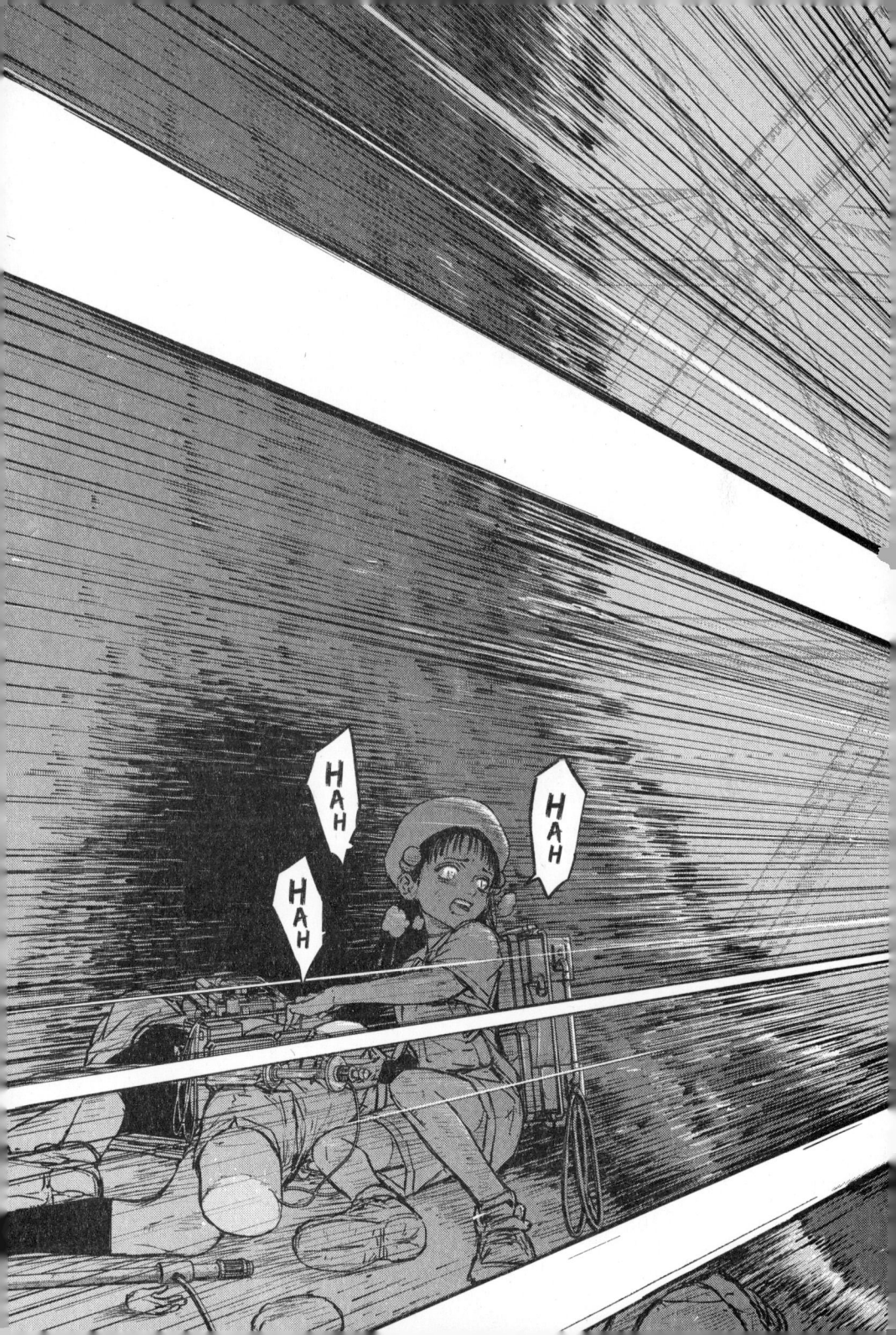

Die einzige Rettung ...

HAH HAH

... ist die Flucht in den Schatten natürlicher Objekte oder tiefe Finsternis!

Aber selbst wenn einem zunächst die Flucht gelingt ...

PULLER

J... Ja ...

HAH HAH HAH HAH

WUSCH

... ist es sinnlos, wenn das Licht beginnt, sich in den Blutkristallen zu reflektieren.

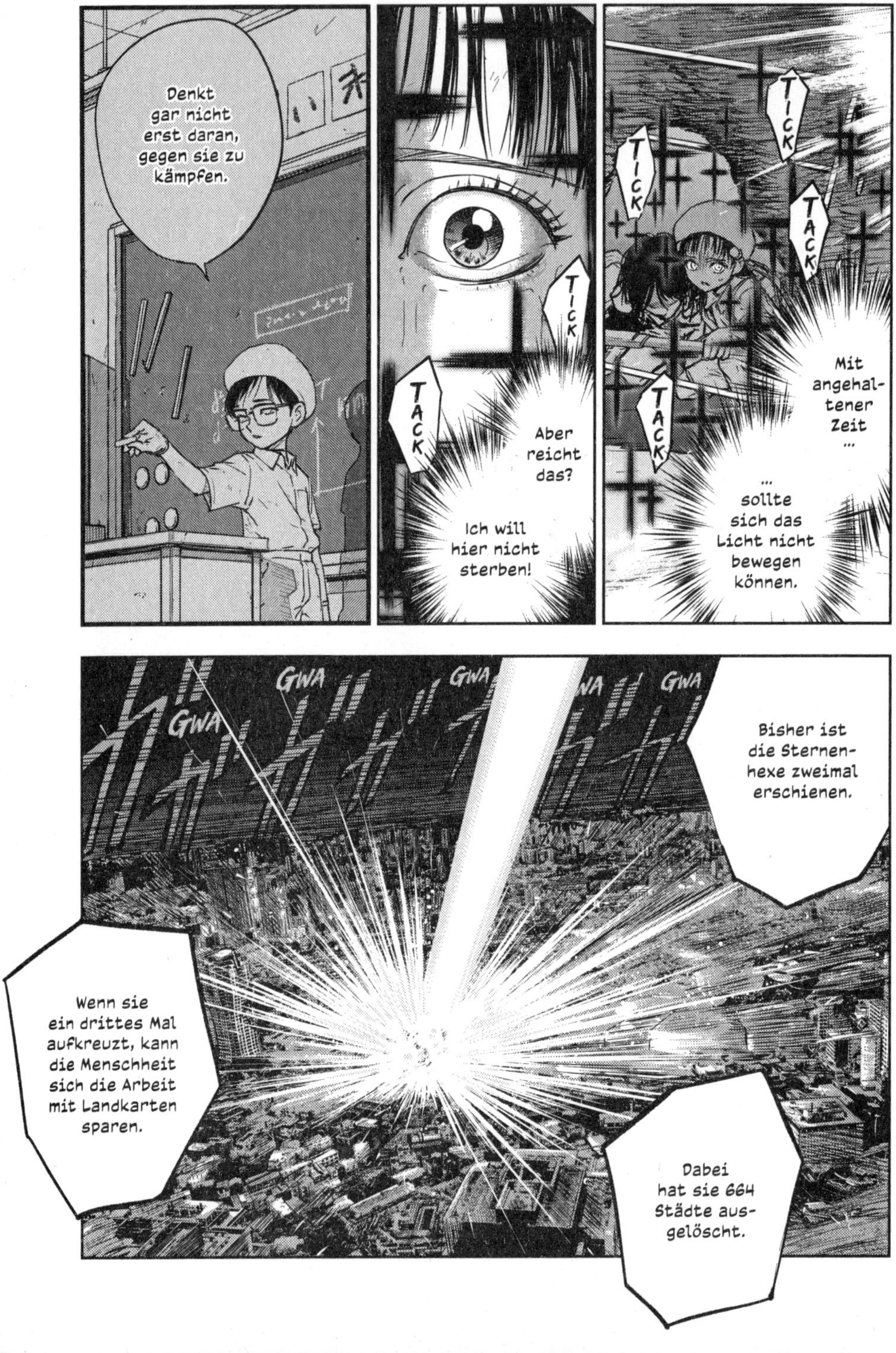

Denkt gar nicht erst daran, gegen sie zu kämpfen.

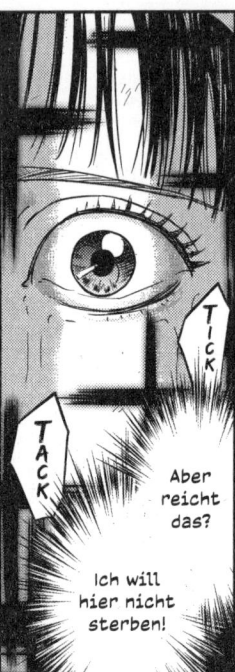

Aber reicht das?

Ich will hier nicht sterben!

TICK

TICK

TACK

TACK

TACK

Mit angehaltener Zeit ...

... sollte sich das Licht nicht bewegen können.

GWA

GWA

GWA

GWA

GWA

Bisher ist die Sternenhexe zweimal erschienen.

Wenn sie ein drittes Mal aufkreuzt, kann die Menschheit sich die Arbeit mit Landkarten sparen.

Dabei hat sie 664 Städte ausgelöscht.

HAH

HAH

Nur noch fünf Sekunden ...

Ihre Macht ist zu stark für meinen Zeit-stopp!

KNIRSCH

O... Oh nein!

Denkt nicht weiter nach ...

HAA

HAA

ZUPP

... und versteckt euch in der Dunkelheit in der Hoffnung, dass sie irgendwann weiterzieht.

Bitte ...

Rette uns alle!

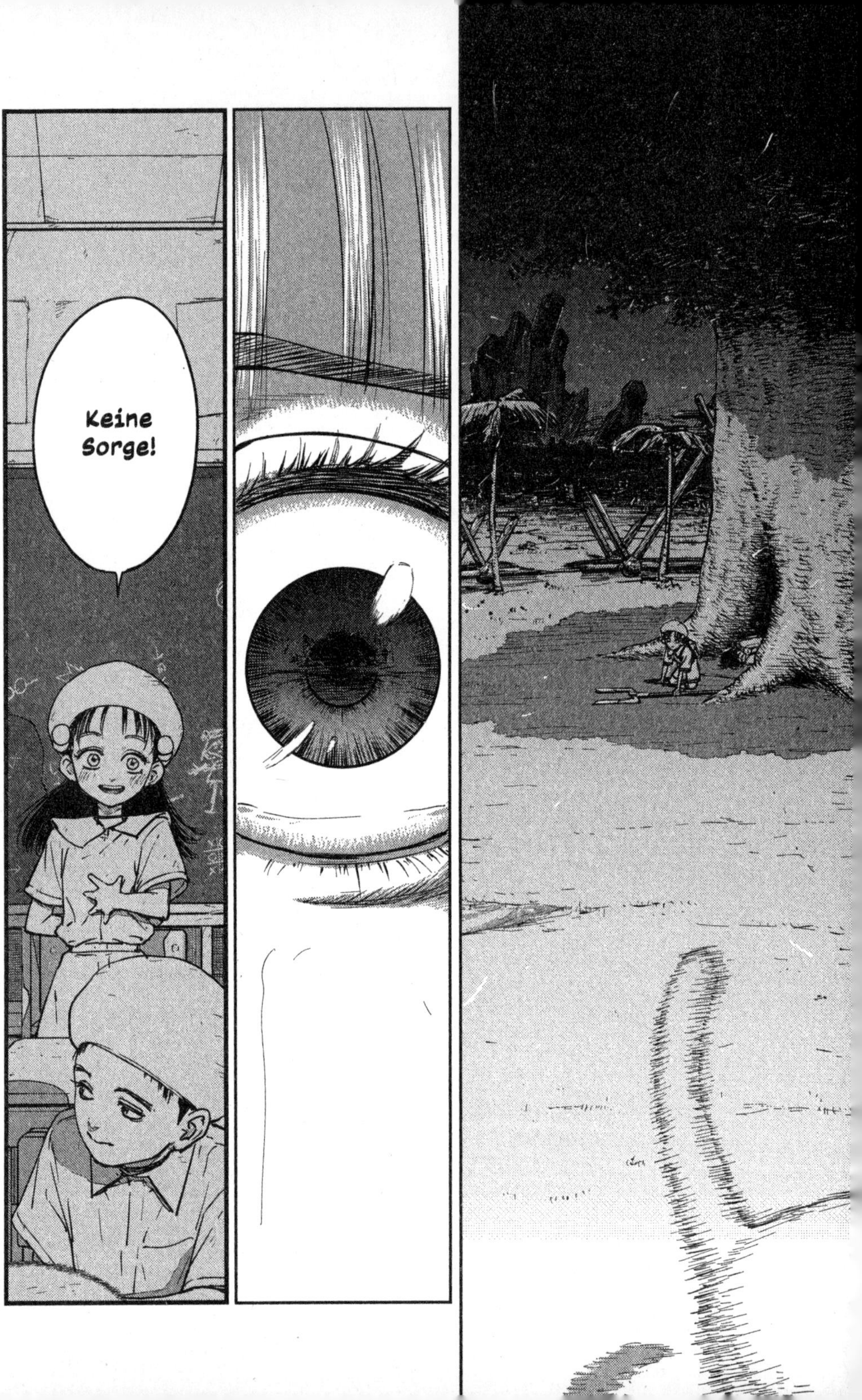
Keine Sorge!

Wenn es so weit kommt, werde ich euch alle retten!

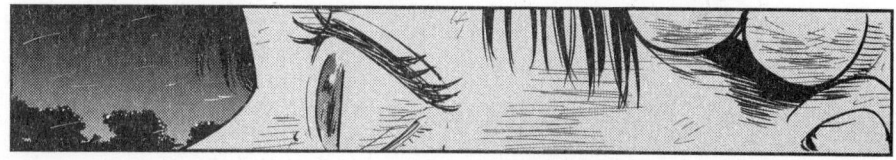

Ganz egal, welche Hexe auch auftauchen mag!

Ich werde sie alle besiegen!

CHILDEATH

Kapitel 5

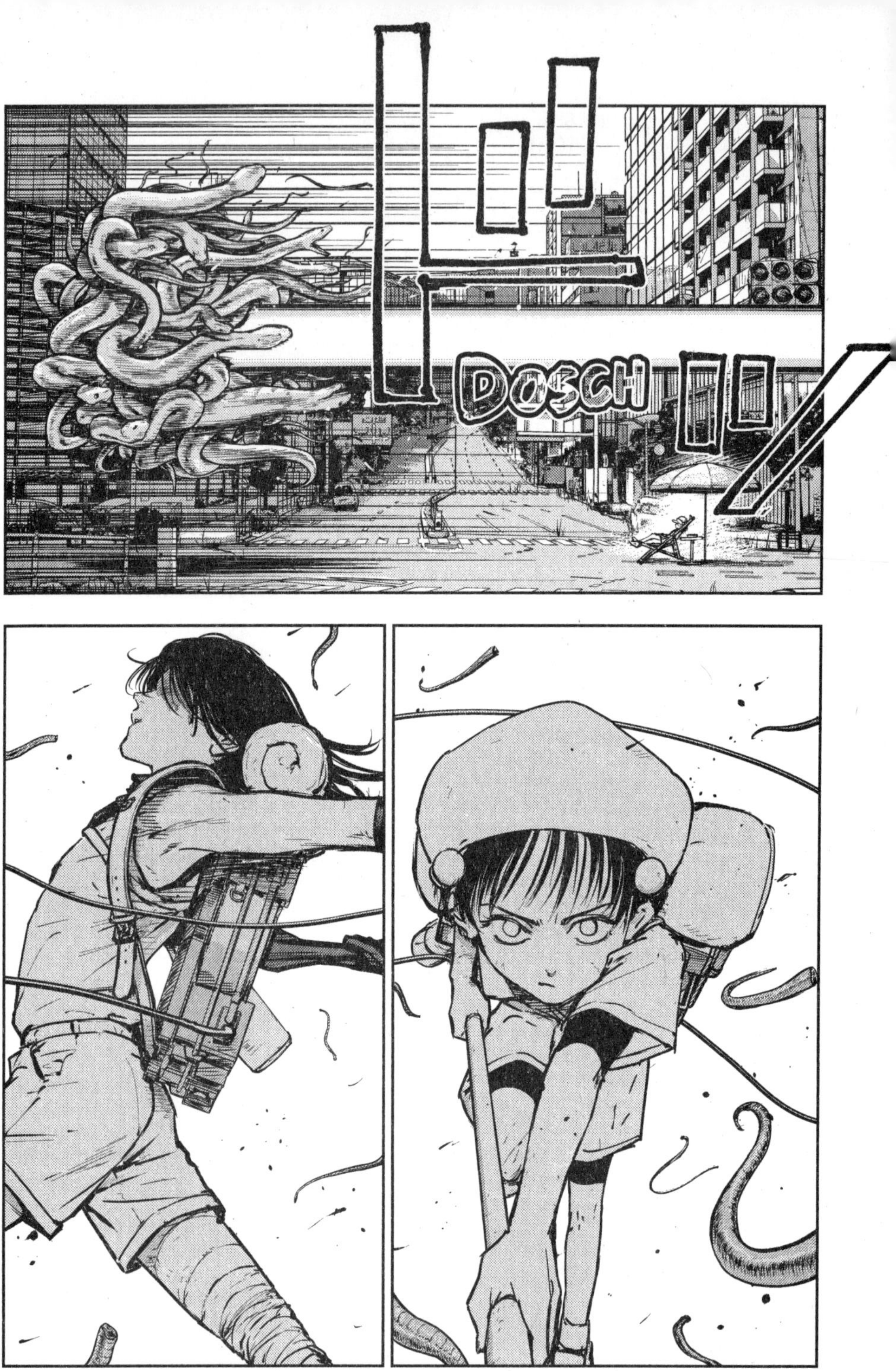

Vor einer Woche
hat die Sternenhexe
alles zerstört ...

...
aber Wu hat
die Kraft der
Sternenhexe
bekommen.

...
tötet
Wu jetzt
Hexen.

ZISCH

Mit dem
Licht, das
die Kinder
getötet
hat ...

ZAPP

Damit
ist Wu
nun wie
Momo.

ZACK

Er
tötet mit
den Kräften,
die das Leben
seiner Freun-
de beendeten,
jetzt Hexen.

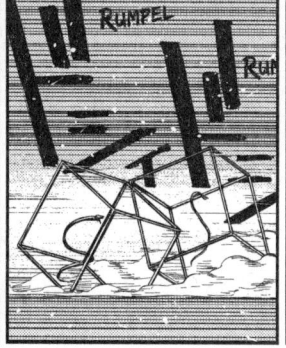

RUMPEL

RUM

Und was mir gar nicht aufgefallen war ...

... ist, dass ich jetzt die Kräfte ...

PLOPP

... der Vakuumhexe habe.

WABER WABER WABER WABER WABER WABER WAB

Ist das Liebe?

Oder doch eine Art von Fluch?

...und den Hoxon in den Arsch treten.

...will ich einfach nur ge- winnen ...

Egal, denn erst einmal ...

TADA

168

Süßwaren Mochioka!

Der Laden steht noch!

E... Ey ...

Das kann man nicht essen!

Äh ...

Hier gibt es ja sogar noch Saft und Gummi-bärchen!

Wah! Komm runter!

Was soll das alles überhaupt bringen?

Was soll das?

Äh ...

Ey! Diese Le Mondes sind nicht zer-matscht!

Sind die unser Äquivalent zum Golf-krieg-Ge-muboy?

Falls
...

Wir
müssen
mehr
tun!

Egal,
wie stark
wir sind
...

... es reicht
nicht, wenn
wir nur Hexen
besiegen, die
uns über den
Weg laufen.

Falls
noch einmal
eine Hexe vom
Kaliber der
Sternenhexe
angreift
...

...
wären
wir ihr
hoffnungslos
ausgelie-
fert.

Wir
müssen
einen direk-
ten Treffer
landen!

Wir sollten direkt ...

... den Hexenwald angreifen!

Wir gehen direkt dorthin!

Und wie?

...
dass sich der Hexenwald am anderen Ende des Pazifiks ... des großen Ozeans befinden soll ...

...
und dass dort die Hexen geboren werden.

Aber wo fangen wir an?

Ich hab mal gehört ...

Dort sollten wir auch Hinweise darauf finden ...

...
wie man Hexen mit außerirdischen Kräften besiegen kann.

IST DOCH EGAL WIE!

Tut mir leid, dass ich geschrien habe ...

… aber uns läuft die Zeit davon!

Wegen dem Fluch der Zeithexe …

… haben wir keine Zeit zu verlieren!

PIEK

Bevor noch mehr sterben müssen …

… müssen wir zum Hexen-wald!

Hä?

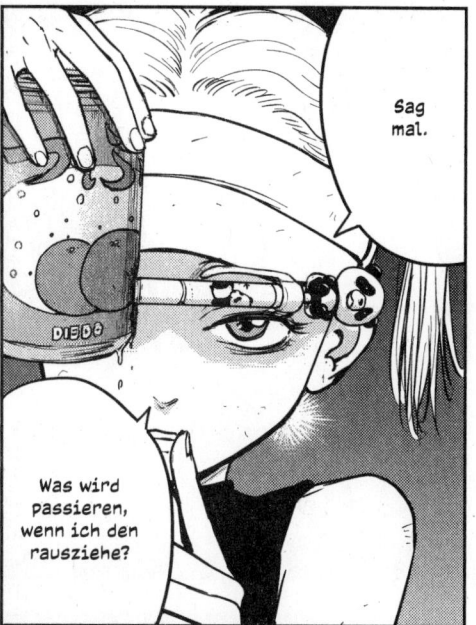

Sag mal.

Was wird passieren, wenn ich den rausziehe?

Der schöne Saft!

Sag schon, wenn ich den ...

W... Was für eine Verschwendung!

Du musst doch nur die Zeit anhalten.

Immer mit der Ruhe.

Werde nicht panisch.

Wir haben jetzt Kräfte.

Und deshalb brennt mir die Frage auf der Seele ...

... wieso wir überhaupt diese Kräfte besitzen.

...

Nur wegen dir konnten wir die Begegnung mit der Sternenhexe überleben.

Wir müssen unsere Kräfte klug einsetzen und nicht drauflosstürmen.

... wenn wir sie zum Töten von Hexen einsetzen?

Wieso geben sie uns Kräfte ...

Wie dem auch sei ...

Oder geschah das bloß aus einer Laune heraus?

Ist das eine Besonderheit der Kinder, die lang genug die Angriffe von Hexen überleben?

Auf dieser Welt wird es sicherlich ...

... noch weitere Kinder mit Hexenkräften wie uns geben.

... und gegen alles bestehen zu können ...

... brauchen wir weitere Kameraden.

Aber um die Hexen auslöschen ...

Wenn wir mit ihnen zusammenarbeiten ...

... sollten wir es bis zum Hexenwald schaffen.

Anfang
und Ende.

Anfang
und Ende.

Anfang und Ende.

Was ist das bitte für ein Auf- zug?

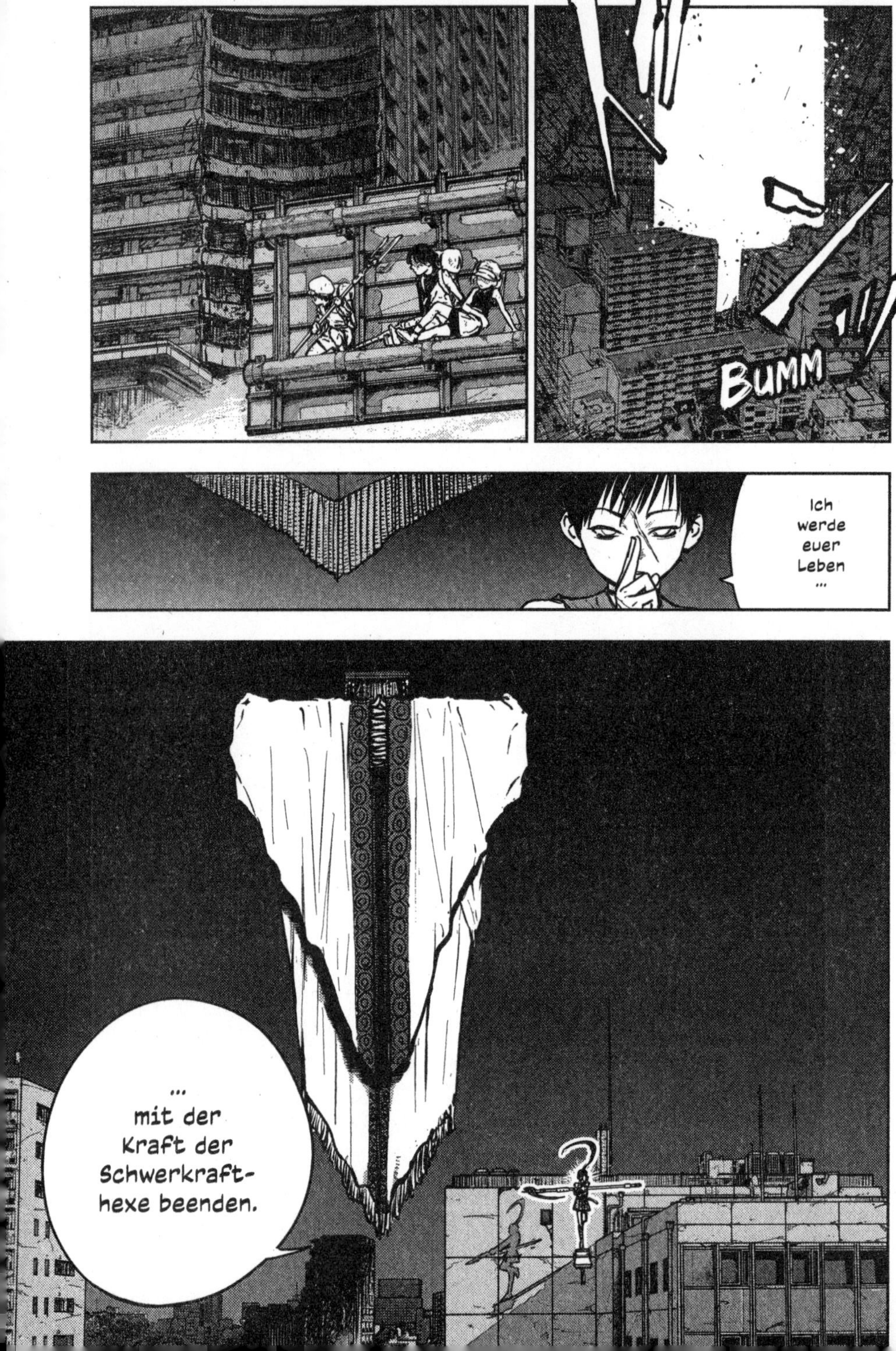

BUMM

Ich
werde
euer
Leben
...

...
mit der
Kraft der
Schwerkraft-
hexe beenden.

Die Antwort ist ganz einfach.

... greife ich euch an, obwohl ich wie ihr ein Kind bin?

Warum, glaubt ihr ...

KNARZ

PLISCH

... dass die Menschheit elendig verrecken soll.

Es gibt auch Kinder, die der Meinung sind ...

STRAHL

FLUPP

Mit Schwerkraft ...

... kann man sowohl Zeit als auch Licht verzerren.

Ihr könnt nicht gewinnen.

Je mehr ein Kind die Menschheit hasst ...

... desto mehr Liebe wird ihm zuteil.

Euch hätte es schon längst auffallen müssen ...

... dann kann die Macht deines Fluches gar nicht so krass sein.

Ich dachte mir breits, dass deine Kraft nicht auf meine wirken würde ...

Wenn du nicht mal mit meinem Vakuum mithalten kannst ...

... aber dann hast du deine Kraft auf dich gewirkt, um auszuweichen.

... die Welt vor dem Erscheinen der Hexen für einen perfekten Ort gehalten.

Natürlich habe auch ich ...

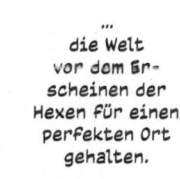

Und auch welche, die alles an dieser Welt hassen.

Deshalb verstehe ich, dass es Leute gibt, die darauf hoffen, dass die Menschheit verschwindet.

Nichts-
desto-
trotz
...

...
gibt es
hier auch
einen Idioten,
der keinen ein-
zigen Menschen
mehr tot se-
hen will!

Und
dann
gibt es
noch
...

...
sterben
zu lassen,
selbst wenn
man ihm in
den Rücken
fällt.

...
der ge-
schwo-
ren hat,
nieman-
den mehr
...

Einen
Idioten
...

...
die, die
für diesen
Idioten ihr
Leben geben
würden.

Anfang
und Ende.
Anfang und
Ende.

CHILDEATH

Hirokazu Mukoura

altraverse

Deutsche Ausgabe / German Edition

Altraverse GmbH
Ruhrstr. 11 a
22761 Hamburg
kontakt@altraverse.de

Aus dem Japanischen von Jacqueline Philippi

CHILDEATH by Hirokazu Mukoura
© Hirokazu Mukoura 2023
First published in Japan in 2023 by HAKUSENSHA, Inc. Tokyo.
German language translation rights arranged with HAKUSENSHA, Inc. Tokyo
through Tuttle-Mori Agency, Inc.

Redaktion: Johannes Marschallek, Jörg Bauer
Herstellung: Katharina Kaven
Lettering: Vibrant Publishing Studio

Druck: Nørhaven A/S, Viborg
Printed in Denmark

ISBN 978-3-7539-3056-5
1. Auflage 2025

www.altraverse.de